Bernhard Zeller, Schwäbischer Parnaß

Bernhard Zeller

Schwäbischer Parnaß

Betrachtungen zur Literaturgeschichte Württembergs

Verlag der Buchhandlung H. Th. Schmidt
Esslingen am Neckar

Die Vorlagen für die Abbildungen hat das Schiller-Nationalmuseum
Marbach a. N. freundlicherweise zur Verfügung gestellt.
Reproduktion auf dem Schutzumschlag:
Ölgemälde von Peter Francis Peters, 1845
(Geschichts- und Altertumsverein Esslingen).
ISBN 3-922360-04-1

Alexander, Graf von Württemberg, 1801–1844
Ölgemälde auf Leinwand von F. S. Stirnbrand (1828)

Wer von Athen aus über Theben nach Delphi fährt, kommt an einem mächtigen, zweieinhalbtausend Meter hochragenden Gebirgsstock mit vielgipfligem Hauptkamm vorbei, dem »Parnaß«. Auf diesen Bergen regierte nach alter griechischer Sage der Gott Apoll, und hier hatten die neun Musen ihren Sitz, die Töchter von Zeus, die Göttinnen der Künste und der Wissenschaften. Im Laufe der griechisch-römischen Antike wurde der Parnaß zum Musenberg im engeren Sinne, zum Symbol für die Dichtung, ja zum Reich der Dichtkunst schlechthin, und in diesem Bedeutungssinn wurde das Wort in die abendländische Kulturwelt tradiert, wird es auch in unserer Zeit noch verwandt.

Mit einigem Recht kann auch von einem schwäbischen Parnaß gesprochen werden, denn kein deutsches Land und kein deutscher Stamm hat innerhalb weniger Jahrzehnte so viele Dichter von Bedeutung hervorgebracht wie das alte Württemberg im letzten Drittel des 18. und der ersten Hälfte des 19. Jahrhunderts. Einige Überlegungen über die Eigenart dieser württembergischem Boden entstammenden und von diesem Land geprägten Dichtung sollen hier vorgetragen werden. Eine schwäbische Literaturgeschichte in Kurzform, gleichsam eine Abbreviatur der poetischen Historie des Landes ist nicht beabsichtigt, und zahlreiche Namen, auch solche von gutem Klang und Rang, müssen zwangsläufig unberücksichtigt bleiben.

Wenn nun in Esslingen von einem schwäbischen Parnaß die Rede ist, mag man sich mit Fug und Recht jenes Poetenkreises erinnern, der sich hier vor rund 150 Jahren um den Grafen Alexander von Württemberg geschart hat, jenen Oberstleutnant vom 3. württembergischen Reiterregiment also, der im Stadthaus seinen Wohnsitz hatte, aber meist in seinem Schlößchen Serach residierte, das er sich 1828 erworben hatte.

Allerdings dieser dichtende Edelmann aus dem Geschlecht der Württemberger, Neffe von König Friedrich, war in seiner derb polternden Herzlichkeit als Freund und Hausherr, als Mittelpunkt heiterer, zuweilen auch höchst ausgelassener literarisch-geselliger Gastlichkeit bedeutender denn als Poet. Aber die Dichter des damaligen Württemberg – ein Justinus Kerner oder ein Gustav Schwab, der lyrisierende Waiblinger Oberamtsrichter Karl

Nikolaus Lenau (Niembsch von Strehlenau)
1802–1850
Kreidezeichnung von E. P. Jacobs (1841)

Mayer, Emma von Niendorf voll Gemüt und Seele, auch Friedrich Wilhelm Hackländer, der erfolgreiche Romancier und manch andere – fanden sich gerne in Serach ein, zumal dann, wenn dort Nikolaus Lenau, der Freund aus österreichisch-ungarischen Landen, zu Gast war, dort seine schwermütigen Gedichte vortrug und die Weisen seiner Heimat auf der Geige spielte. Höchst ungleich nach Herkunft, Talent und Temperament waren die Mitglieder dieses Kreises, auch waren seiner Dauer nur kurze Jahre bestimmt, aber ein solch lebendiges und zugleich glanzvolles Bündnis von Geselligkeit und Poesie war im nüchternen Lande der Schwaben eben doch keine alltägliche Erscheinung.

Zu den Gästen dieser Runde gehörte seit 1836 auch der schwerlebige Hermann Kurz, der sich nach seiner Tübinger Studienzeit und eines gescheiterten Vikariatsexperiments in Stuttgart als freier Schriftsteller und Publizist durchzuschlagen versuchte; und ebenfalls zum Kreise zählte bald auch die junge, den Grafen verehrende und ihn bedichtende, exzentrische und höchst eigenwillige Baronesse Marie von Brunnow, blaublütig und dennoch engagierte Demokratin, die später die Frau von Hermann Kurz werden sollte. 1858 bis 1862, in düsteren depressiven Jahren, haben sie beide in Oberesslingen gewohnt. Wie sehr hat Kurz damals darunter gelitten, mit seinen Werken fast keine Anerkennung zu finden.

Auch heute ist dieser Dichter Württembergs, der Verfasser von »Schillers Heimatjahren« und des großen historischen Romans »Der Sonnenwirt« zu wenig, ja vielen kaum noch bekannt. Dabei ist er bedeutender Erzähler und – vor allem in seinen Novellen – einer der großen deutschen Realisten des vergangenen Jahrhunderts.

In jungen Jahren hat Hermann Kurz die »Genzianen«, seine erste Novellen-Sammlung veröffentlicht, und in ihr findet sich eine Erzählung mit dem Titel »Das Wirtshaus gegenüber«. Die Geschichte spielt in Tübingen, schildert aus naher eigener Erinnerung studentisches Leben und Treiben, berichtet davon, wie einige Stiftler in heiterer Wirtshausrunde – singend, trinkend und diskutierend – in einen literarischen Disput über Rang und Wert der Dichtung geraten. Einer von ihnen beginnt plötzlich Mörike zu rezitieren, beginnt das »Bacchusfest« vorzutragen und dieses Gedicht (das in späteren Drucken den Titel »Die Herbstfeier« erhielt) als die wahre, als »reine Poesie« zu preisen.

Hermann Kurz, 1813–1873
Lithographie von G. Engelbach (1843)

Eduard Mörike, von dem damals – etwa Mitte der 30er Jahre des vorigen Jahrhunderts – nur eine Anzahl verstreut veröffentlichter Gedichte, der »Maler Nolten« und zwei kleinere Erzählungen gedruckt vorlagen, war jenen jungen Studikern und war vor allem Hermann Kurz sehr wohl bekannt. Sie, so heißt es, »vereinigten sich in der begeisternden Bewunderung dieses Dichters«, stellten ihn Goethe und Schiller zur Seite und erklärten den »Nolten« als eine »von Größe und Poesie fast überflutende Dichtung« zum bedeutendsten deutschen Roman seit den »Wahlverwandtschaften«. Zwar sind sie der Auffassung, daß nie sehr viele diesem Dichter einer Poesie ohne Tendenz den Lorbeer zuerkennen werden, aber mit ihrem Urteil haben sie doch mit sicherem Gefühl für poetische Qualität eine literarische Wertung vorweggenommen, die sich, wenn auch nur nach und nach, über alle regionale und zeitliche Begrenzung hinaus als die gültige durchgesetzt hat.

Für alle, die in seine Nähe kamen, war Mörike der Poet schlechthin. »Man wußte nicht, wie einem geschah«, berichtet etwa David Friedrich Strauß, »das aber wußte man, fast noch ohne seine Gedichte zu kennen, daß hier ein Dichter sei. Ja, Mörike ist für uns alle, die sein Wesen unmittelbar oder mittelbar berührt hat, das Modell dessen geworden, was wir unter einem Dichter denken. Und wir waren an kein schlechtes Modell geraten, sollte ich meinen. Ihm verdanken wir es, daß man keinem von uns jemals Rhetorik für Dichtung verkaufen könne; daß wir allem Tendenzmäßigen in der Poesie den Rücken kehren, daß wir Gestalten verlangen, nicht nur Begriffsgerippe künstlich hergezogen, sondern so wie sie leiden und leben mit einem Blick vom Dichter erschaut und ins Dasein gerufen. Ja, Mörike ist Dichter, jeder Zoll ein Dichter, und nur Dichter.«

Hermann Kurz, der von 1831 bis 1835 selbst Student und bis zu seiner Relegation auch Tübinger Stiftler war (er flog, weil er die geheiligte Anstalt zu derb mit Epigrammen attackiert hatte), zählte David Friedrich Strauß, Friedrich Theodor Vischer und Ludwig Uhland zu seinen Lehrern. Wenig später kam er mit Mörike in nahen persönlichen Kontakt. Er half ihm bei der Anordnung der Gedichte für die erste Ausgabe, vollendete sein Opernlibretto »Die Regenbrüder« und blieb Mörike trotz aller Wesensunterschiede lange Jahre literarisch und menschlich freundschaftlich eng verbunden.

Ludwig Uhland, 1787–1862
Ölgemälde von G. W. Morff (1818)

Erst die Politik im Jahre 1848 brachte Mißverständnisse und wurde Grund für entschiedene Trennung, die aber im Alter wieder überbrückt werden konnte.

Ein Jahrzehnt vor der Geschichte »Im Wirtshaus gegenüber« und vor der Zeit, da Hermann Kurz, das sogenannte »blaue Genie«, einem lustigen Studentenkreise präsidierte, in den Jahren von 1822 bis 1826 war Mörike Stiftler und selbst Mittelpunkt geselliger Zirkel und Freundeskreise. Nahe stand ihm Wilhelm Waiblinger, der Hoch- und Frühbegabte, der mit seiner anmaßenden, exzentrischen Genialität seine Freunde ebenso faszinierte wie abstieß, der bis heute vielfach noch verkannt wird und doch ein echter Poet war, aber der keine 30 Jahre alt, sein Leben in Rom elendig beenden mußte. Obwohl sich Mörike nach gemeinsamen Jahren von Waiblinger trennte, hat er seine dichterischen Talente stets geschätzt und sich später für die Herausgabe seiner Gedichte eingesetzt, ja sich durch editorisch zwar etwas problematische Eingriffe sogar um ihre »Verbesserung« bemüht. Erst in unserer Zeit wurde eine Ausgabe in Angriff genommen, die alle Werke und Briefe Waiblingers in kritisch geprüften Texten enthalten wird.

Innig verbunden war Mörike Ludwig Amandus Bauer, dem Freunde, mit dem er den Mythos vom Reiche Orplids ersann, der ebenfalls Gedichte, aber auch Dramen und später sogar einen satirischen Roman schrieb, Pfarrer im hohenlohischen Ernsbach wurde, später in Stuttgart in reger literarischer Geschäftigkeit amtierte, aber viel zu früh gestorben ist.

Mörikes Gedichte, das haben Kurz und seine Freunde erkannt, gerade auch die frühen, die Gedichte seiner Studien- und Vikariatsjahre, sind makellos als poetische Gebilde, vollkommen in sich. Sie zeigen keine Entwicklung, kein langsames Reifen, sondern sind in sich vollendet einfach da – gleichsam mühe-, gleichsam alterslos geheimnisvollem Schöpfungsakt entsprungen. Man erinnere sich nur eines Gedichtes wie »An einem Wintermorgen vor Sonnenaufgang«, das an die Spitze der ersten Gedichtausgabe gestellt wurde. »O flaumenleichte Zeit der dunklen Frühe«, so beginnt es voll Zauber – und wie großartig ist der Schluß:

»Auf einmal blitzt das Aug, und, wie ein Gott der Tag
Beginnt im Sprung die königlichen Flüge!« –

Verse, geschrieben von einem 21jährigen. Man

Wilhelm Waiblinger, 1804–1830
Tuschfederzeichnung – Selbstbildnis

denke an die »Peregrina« –, an die »Orplid-Gedichte« aus derselben Zeit oder dann an das »ungeheure Mitternachtsgedicht« (Goes) »Gelassen stieg die Nacht ans Land . . .«.

Fast zu derselben Zeit wie Mörike und Waiblinger lebten im Stift als Theologiestudenten und bald auch als Repetenten David Friedrich Strauß, der freie, kritische Geist, der 1835 mit seinem »Leben Jesu« einen weltweiten Sturm der Entrüstung auslösen und das Zeitalter der Evangelienkritik einleiten sollte, und Friedrich Theodor Vischer, eng mit Strauß, aber auch mit Mörike befreundet, der einer der großen, ja fast der einzig bedeutendere deutsche Ästhetiker des 19. Jahrhunderts wurde.

Etwas distanziert davon und bald auch bestrebt, über die heimischen Grenzen hinauszukommen, aber ebenfalls ein Stiftler dieser Jahre war Wilhelm Hauff, Verfasser des einst viel gelesenen »Lichtensteins«, eines Romans, mit dem er in der Nachfolge Scotts die Gattung des historischen Romans in Deutschland mitbegründete. Berühmt weit über die Grenzen und Zeiten hinaus aber wurde Hauff vor allem durch seine Märchen. In kaum mehr als drei Jahren hat er sein gesamtes literarisches Werk mit schneller Feder zusammengeschrieben: Drei stattliche Romane, sieben Novellen, ein Dutzend Märchen und Erzählungen, Gedichte, Skizzen, Aufsätze, Rezensionen. Noch nicht 25jährig, auf der Höhe seines rasch errungenen Ruhms, ist er gestorben.

Mörike und Hauff, David Friedrich Strauß, Friedrich Theodor Vischer, Wilhelm Waiblinger und Hermann Kurz und zahllose weitere Namen könnten, ja müßten aus früheren wie späteren Jahren genannt werden, waren Tübinger Stiftler. Sie haben fast alle auch die Niederen Theologischen Seminare in Maulbronn, Urach oder Blaubeuren absolviert und sind dann während ihres theologischen Studiums Stipendiaten des evangelischen Stifts gewesen. Diese Ausbildungsstätten, bis zu einem gewissen Grad mit angelsächsischen Colleges verwandt, haben Jahrhunderte hindurch nicht nur für die Theologie Württembergs, sondern auch für die württembergische Literatur- und Geistesgeschichte eine zentrale Funktion ausgeübt. Herzog Christoph, einer der bedeutendsten Herrschergestalten auf dem Throne Württembergs, hatte einst die sogenannten »Mannsklöster« seines Herzogtums, die nach der Einführung der Reformation allmählich »ausgestorben« und ohne Aufgabe

Eduard Mörike, 1804–1875
Bleistiftzeichnung von J. G. Schreiner (1824)

waren, als Kirchengut an sich gezogen und in ihnen zur Ausbildung der Pfarrer- und Lehrerschaft seines Landes Internatsschulen eingerichtet. Wer das sogenannte Landexamen und später die Zulassungsprüfung zum Studium, den Konkurs bestand, strenge, ausschließlich auf Leistungsnachweis ausgerichtete Ausleseprüfungen, konnte von seinem 14. Lebensjahr an bis zur Beendigung seiner Universitätsausbildung ein Stipendium erhalten, das die gesamte schulische und hochschulische Ausbildung einschließlich des Lebensunterhaltes sicherstellte. Diese um die Mitte des 16. Jahrhunderts geschaffene Einrichtung von großer sozialer Bedeutung besteht heute noch. Sie hat die Jahrhunderte überdauert und eine prägende, die Entwicklung vieler junger Begabungen bestimmende Wirkung gehabt.

Vor- und Nachteile solcher Erziehungs- und Ausbildungsstätten mit ihrer genau reglementierten Ordnung, einer oftmals orthodoxen Gläubigkeit und ihrer starren Ausrichtung auf die Humaniora, die Fächer der klassischen Philologie, liegen auf der Hand; sie sind hier nicht zu erörtern. Mutige Geister vieler Generationen haben dagegen revoltiert. Tatsache jedenfalls ist, daß die Seminare zahlreichen talentierten Köpfen, vor allem auch solchen aus der ländlichen Bevölkerung, aus Dörfern und kleinen Städten und vielfach auch aus sehr einfachen Verhältnissen kommenden Jungen die Wege und Möglichkeiten zu einem Universitätsstudium eröffneten. Das im Normalfall 8jährige Internatsleben, also ein Leben in engster Gemeinschaft mit meist gleichgesinnten Knaben und jungen Männern, hat Einflüsse mannigfacher Art bestimmt, es hat vor allem Freundschaften gegründet und schwärmerische Verbindungen gefördert. Männerbündnisse entstanden, die oftmals ein ganzes Leben andauerten, persönliche Geschicke und geistige Entwicklungen hemmend wie fördernd geprägt, jedenfalls eine nachhaltige Wirkung ausgeübt haben. Mörike, der Freundschaften in seinem Leben sehr viel verdankt hat, zitiert noch im letzten seiner vielen Briefe an Wilhelm Hartlaub, seinen Urfreund, einen Satz des alten Cicero, des Sinnes, daß man der Freundschaften nie, wie etwa anderer Dinge, überdrüssig werde (»Non amicitiarum esse debent sicut aliarum rerum satietas«).

Diese Freundschaften, in der Frauen keine oder meist nur eine sehr untergeordnete Rolle spielten, sind für viele zu einem Charakteristikum geworden,

Wilhelm Hauff, 1802–1827
Ölgemälde von K. J. Th. Leybold

sie haben die gesamte Lebensführung, haben Haltung und Denken, vielfach aber auch das Entstehen mancher Dichtungen entscheidend beeinflußt.

Geht man nun von Mörike aus gesehen in der Geschichte der Tübinger Literatur nochmals um eineinhalb bis zwei Jahrzehnte zurück, so begegnet man der sogenannten Tübinger und d.h. zugleich der schwäbischen Romantik und damit wiederum sehr persönlichen Verbindungen junger Männer, mögen diese auch nicht im Stift beheimatet gewesen sein. Die Freundschaft zwischen Justinus Kerner, Ludwig Uhland und Karl Mayer und wenig später mit dem etwas jüngeren Gustav Schwab war persönlicher und geistiger Mittelpunkt der romantischen Bewegung in Württemberg. Erneut waren es Studenten, diesmal Juristen, Mediziner, Naturwissenschaftler mehr als Theologen, die mit ihren poetischen Erzeugnissen das Gesicht dieser knappen Epoche geprägt haben. In Kerners Bude im Neuen Bau, einer Familienstiftung gegenüber der Tübinger Stiftskirche, traf man sich damals, und Justinus Kerner, nach dem Wunderhorn Kulikeia genannt, war tonangebend und unerschöpflich in launigen Einfällen, in lustigen Mystifikationen und Scherzen. Seine Begeisterungsfähigkeit riß die anderen, selbst den so schweigsamen und wenig geselligen Uhland mit. Kerner hatte, so berichtet Karl August Varnhagen von Ense, der später einige Zeit ebenfalls im Neuen Bau wohnte, »den lebendigsten Sinn für Scherz, für alles Komische und Barocke, und eine Art von Leidenschaft, dasselbe ans Licht zu bringen und zu fördern«. Als Bücherschrank stellte er sich ein großes Faß ins Zimmer. In ihm fanden sich keine medizinischen Fachschriften, jedoch die Werke von Hans Sachs, von Jakob Boehme und Novalis, fand sich das »Lied der Nibelungen« und »Die Historia aller Heiligen«. Man begann selbst Volkslieder, Sagen und alte Legenden zu sammeln und in der Art des »Wunderhorns« nachzudichten.

Das nur handschriftlich aufgelegte und überlieferte »Sonntagsblatt für gebildete Stände«, das 1807 als eine Art von Protestjournal gegen das zu Anfang noch in aufklärerischem Denken verharrende »Morgenblatt für gebildete Stände« des Verlages Cotta einige Monate lang von den Freunden herausgegeben wurde, später der »Poetische Almanach für das Jahr 1812« und dann 1813 der »Deutsche Dichterwald« wurden zu den Organen, in denen die jungen Dichter ihre lyrischen Produkte

Justinus Kerner, 1786–1862
Bleistiftzeichnung von C. Müller (1834)

publizierten. Ein Gemeinschaftsunternehmen war also auch die Publikationsform, denn – so schrieb Uhland 1809 einmal an Kerner – »das Gemeinschaftliche freut doch weit mehr als das Einzelstehen«.

Nach der gemeinsamen Tübinger Studienzeit hielten rege Korrespondenzen die Verbindung aufrecht. Man teilte sich gerne und ausführlich in Briefen mit und war sich zudem, ob man in Tübingen, Weinsberg oder Stuttgart wohnte, räumlich so nahe, daß man häufig zusammentraf und die Kontakte lebendig blieben.

Ludwig Uhland, den Auflagen seiner Gedichtbücher und seiner großen, allerdings keineswegs nur auf literarischen Leistungen beruhenden Popularität nach Württembergs berühmtester und angesehenster Dichter des 19. Jahrhunderts, entwuchs den romantischen Anfängen rasch und gewann dank seiner konsequenten und aufrichtigen Rechtlichkeit, seiner entschiedenen, anfangs mehr konservativen, später liberalen und dann auch demokratischen politischen Haltung allgemeine Achtung. (Er war so pflichtbewußt, daß er selbst am Tage seiner Hochzeit keine Sitzung ausließ und gleich zweimal zum Landtag eilte.)

Kerner dagegen blieb Romantiker, als Mensch, als Arzt und als Freund fast mehr denn als Dichter. Nur wenige seiner Gedichte haben die Zeit überdauert, von literarhistorischem Interesse ist der in jungen Jahren geschriebene Roman »Die Reiseschatten«. Lebendig geblieben und von großem erzählerischem Reiz sind die Jugenderinnerungen »Das Bilderbuch aus meiner Knabenzeit«.

Während all dieser Jahre des romantischen Treibens und Dichtens im ersten Jahrzehnt des Jahrhunderts, dann in der Zeit, in der Mörike und Bauer den Orplid-Mythos erfanden, um die Mitte der 20er Jahre und schließlich wieder ein Dezennium später, als die Thesen von Strauß gepriesen und verdammt wurden, lebte der größte der Dichter Württembergs in jener Epoche geistig verstört in einsamer Umnachtung im Hause am Neckar: Friedrich Hölderlin. 1805 wurde er in die Autenriethsche Klinik in Tübingen eingeliefert. 1843 ist er gestorben. Justinus Kerner hat als Klinikumspraktikant einige Zeit sein Krankentagebuch geführt und den Dichter in seinen »Reiseschatten« porträtiert. Uhland und Schwab haben 1826 eine erste Auswahl seiner Gedichte herausgegeben, – »wenn der Sinn für eine großartige Poesie in Deutschland

David Friedrich Strauß, 1808–1874
Kupferstich von Adolf Neumann

nicht erstorben ist, so muß diese Sammlung Aufsehen machen«, hat Uhland damals geschrieben.

Mörike und Waiblinger haben Hölderlin besucht, ihn ausgeführt hinauf zum Österberg, Waiblinger hat als erster eine pathographische Studie von starker Einfühlungskraft über ihn geschrieben, und ein anderer Dichter aus diesem Lande, Hermann Hesse, ein Jahrhundert später in der Erzählung »Das Pressel'sche Gartenhaus« die damalige Szenerie eindrucksvoll beschworen. Christoph Schwab, der Sohn Gustav Schwabs, hat sich im besonderen seiner angenommen, er hat ihm auch die Trauerrede auf dem Tübinger Friedhof gehalten und 1846 seine »Sämtlichen Werke« herausgegeben.

Auch Hölderlin war Seminarist und Tübinger Stiftler gewesen, hatte während seiner Stiftszeit mit Christian Ludwig Neuffer und Rudolf Magenau einen Freundes- und Dichterbund gegründet, einen den Musen geweihten Kreis mit eigenem Bundesbuch, in das er sein »Lied der Freundschaft« geschrieben hat.

Mit ihm zu gleicher Zeit, ja zeitweise sogar in demselben Zimmer, lebten und arbeiteten in jenen Jahren, in denen die Ideen und die politische Wirklichkeit der Französischen Revolution die Geister vor allem der akademischen Jugend aufrührten, Georg Friedrich Wilhelm Hegel und der frühreife und so ganz ungewöhnlich begabte junge Schelling. Man braucht gemeinsame Jugenderlebnisse nicht zu überschätzen, denkwürdig und geheimnisvoll bleibt dennoch diese einzigartige Konstellation. Die Wege der einzelnen führten bald auseinander. Spätere Kreuzungen und Begegnungen mit der ihnen eigenen Problematik können hier nicht abgehandelt werden, aber daß der Dichter und die Philosophen, daß Hölderlin, Hegel und Schelling, die in unvorstellbarem Maße Einfluß auf die Dichtung und das Denken, ja auch auf die politische Geschichte der ganzen Welt Einfluß genommen haben – bedenkt man allein die Wirkungsgeschichte Hegels und erinnert sich des auf ihm fußenden Karl Marx – als 18- und 20jährige eine Zeitlang in enger Gemeinschaft gelebt haben, bleibt ein schwer ausdeutbares Geheimnis geistig-menschlicher Begegnung.

Dem Tübinger Stift in mancherlei Hinsicht vergleichbar – allerdings nur für die kurze Spanne von zwei Jahrzehnten – ist innerhalb Württembergs die Hohe Carlsschule, Herzog Carl Eugens Gründung und liebstes Kind, die Schule Friedrich

Georg Friedrich Wilhelm Hegel, 1770–1831
Kreidezeichnung von Sinner

Schillers. Auch Schiller, der zunächst übrigens ebenfalls für die seminaristische Laufbahn vorgesehen war, ist von seinem 13. bis 20. Lebensjahr Internatsschüler gewesen, Zögling und Stipendiat einer Schule von strenger Abgeschlossenheit. »Die Tore dieses Instituts«, so heißt es in einem seiner Briefe, »öffnen sich, wie man weiß, Frauenzimmern nur, ehe sie anfangen interessant zu werden, und wenn sie aufgehört haben, es zu sein«. Auch Schiller hat in diesen Jahren mit Freunden zusammen einen Dichterbund gegründet. Man hat die Carlsschule als pädagogisches Spielzeug eines alternden Monarchen und als Zuchtanstalt härtester Zwänge teils verspottet, teils verteufelt, und sicher hat Schiller mit seinem unbändigen Freiheitsdrang unter der Kasernierung schwer gelitten. »Acht Jahre rang mein Enthusiasmus mit der militärischen Regel, aber die Leidenschaft für die Dichtung ist feurig und stark wie die erste Liebe. Was sie ersticken sollte, fachte sie an«, schrieb er später einmal in der »Rheinischen Thalia«.

Es darf jedoch nicht übersehen werden, daß diese Schule, die im Grunde nie aus den Reformen heraus zu ruhiger Entwicklung kam, ein Unternehmen von aufklärerischer Modernität war, wenn natürlich auch nicht zugeschnitten auf freiheitslüsterne junge Poeten. Aber als Ausbildungsstätte für bildende Künstler, für künftige Offiziere und Verwaltungsbeamte war die Hohe Carlsschule trotz der Kürze ihrer Existenz von überaus starker, ja erstaunlicher Wirkung. Auch Schiller hat das, bei aller Härte seiner Kritik, sehr wohl gewußt. Daß Schiller, zwar nicht seiner Schule aber bald nach seiner Entlassung dem Lande und seinem Herrscher, der ihm das »Komödienschreiben« verboten hatte, entflohen ist und nach Jahren nur einmal für wenige Monate wiederkehrte, ist Ihnen allen bekannt und braucht nicht neu erzählt zu werden. Einer der besten Kenner schwäbischer Dichtung erklärte einmal: »Vielleicht konnte nur ein Schwabe Schiller werden, aber er konnte es nicht *in* Schwaben werden. Er mußte sein engeres Vaterland verlieren, um sein weiteres zu gewinnen« (Krauß).

Doch nicht nur Schiller auch Hegel, Schelling und Hölderlin, wie vor ihnen Keppler oder nach ihnen Friedrich List hat das Land Württemberg zwar hervorgebracht, auch ausgebildet, aber dann nicht zu halten verstanden. Für seine großen, seine unabhängigen Geister erwies es sich nur zu oft als zu eng, zu begrenzt, nicht nur in räumlichem Sinne.

Friedrich Wilh. Joseph von Schelling, 1775–1854
Bleistiftzeichnung von J. Kayser (1850)

Überblickt man die Zeit vom ausgehenden 18. bis zur Mitte des 19. Jahrhunderts, genauer die Generation vor und nach der Jahrhundertwende, so ist zunächst die zeitliche und räumliche Gedrängtheit, die Dichte der Gestalten und Werke frappierend. Als eine »kreative Dichte« hat Thaddäus Troll diesen Zustand einmal bezeichnet, und es ist in der Tat ganz ungewöhnlich ja rätselhaft, was zwischen 1781, dem Erscheinen der »Räuber« und 1856, dem Jahr von Mörikes Mozart-Novelle, also in genau 75 Jahren an großer, die Zeit überdauernder Leistung geschaffen wurde: das dichterische, philosophische und historische Werk Schillers wie Hölderlins Dichtung und Schellings Philosophie, Uhlands, Kerners, Wilhelm Hauffs und Mörikes Poesie, aber auch »Das Leben Jesu« von David Friedrich Strauß, die Schriften von Friedrich List und die Hegelsche Philosophie – und wieviel mehr wäre noch zu nennen!

Alle diese Dichter und Philosophen – von Wieland, dem Oberschwaben, abgesehen – entstammen derselben Landschaft, dem Lande Altwürttemberg, heute also etwa dem mittleren Neckarraum, und sie entstammen fast alle derselben sozialen Schicht, nämlich der sogenannten Ehrbarkeit, jenem meist akademischen Bürgertum der Pfarrer, Ärzte, Lehrer, Juristen, Schreiber und Schultheißen, die in Württemberg, worauf häufig sehr zu Recht hingewiesen wird, eng miteinander verwandt und verschwägert waren, verbunden zudem durch gleiche oder sehr ähnliche Bildungsgänge. Man kannte sich im »Ländle« und wußte sehr gut von- und übereinander Bescheid. Der Adel des Landes spielt im literarisch künstlerischen Leben jener Zeit eine sehr geringe Rolle, die Ausnahme Graf Alexander bestätigt eigentlich nur die Regel, und zum Hofe, der Residenz, bestanden kaum Kontakte.

Eine charakteristische Folge dieses engen Zusammenlebens in den Jahren der Ausbildung, des Sichkennens und Aufeinanderangewiesenseins, ist die Tatsache, daß sich nun auch das sogenannte kulturelle Leben vorzüglich in Gemeinschaften vollzieht und auswirkt. Die Freundesbünde, in jugendlichem Alter geschlossen, setzen sich im familiären Bereich fort. Einzelne Familien und Bürgerhäuser entwickeln eine gastliche und zugleich kulturelle Geschäftigkeit, machen sich zu Mittelpunkten nicht nur des geselligen, sondern auch des literarisch-künstlerischen Lebens. Nicht der Hof, sondern diese Bürgerhäuser bilden etwa vom letzten Drittel

Johann Christian Friedrich Hölderlin, 1770–1843
Bleistiftzeichnung von L. Keller (1842)

des 18. Jahrhunderts bis zur Mitte des 19. Jahrhunderts in Württemberg und im besonderen in Stuttgart den Ort, wo vorgelesen, musiziert und diskutiert, wo der Gast aus der Fremde empfangen, wo getafelt und gespielt wird.

Das Rappsche Haus in Stuttgart, in dem Schiller und Schubart zu Gast waren, Goethe sein Epos »Hermann und Dorothea« vorlas, wäre in diesem Zusammenhang zu nennen, dann Danneckers Atelier, in dem sich jahrelang die gebildete Welt traf, oder das Hartmann-Reinbecksche Haus. Nicht nur fast alle schwäbischen Dichter jener Zeit wie Friedrich Haug, Ludwig Uhland, Justinus Kerner, Gustav Schwab, Wilhelm Hauff oder Hermann Kurz, auch Jean Paul und Rückert, Schelling, Tieck, Freiligrath, Geibel und im besonderen Lenau haben an der großzügigen Gastfreundschaft dieses Hauses teilgenommen. Aber auch an das Haus von Gustav Schwab ist zu erinnern oder an den Gartensaal des Obertribunalpräsidenten Eberhard Friedrich Georgii, Mörikes Onkel, wo 1810 Schelling eine berühmtgewordene Privatvorlesung gehalten hat und wo sich Vertreter der Stuttgarter Prominenz zu regelmäßigen Kegelabenden trafen. Man kann noch genau geführte Akten darüber nachlesen.

In diesen Häusern verwirklichten sich neue Formen einer bürgerlich gewordenen Kultur. Nicht mehr der Hof allein oder, wie noch im 18. Jahrhundert, so mancher Adelssitz waren Stätten und Zentren der Kulturförderung und Kulturausübung; immer mehr, zumal in den großen Städten, hatte sich ein mündig gewordenes Bürgertum auch der Aufgaben und Verantwortungen dieser Art bemächtigt, wobei die großen Reichsstädte – den Residenzstädten ähnlich – längst vorangegangen waren. Die äußeren Formen dieser kulturellen Geselligkeit können nicht anspruchslos, nicht einfach genug gedacht werden. Man musiziert und singt, dichtet, zeichnet und liest sich vor, erörtert künstlerische Fragen und ereifert sich über ästhetische Probleme. Die Grenzen zwischen echter Kunst und liebenswertem Dilettantismus, zwischen Gelegenheitsdichtung und wirklicher Poesie sind fliessend. Dieses von der bürgerlichen Familie geformte, getragene und sich in ihrem Umkreis vollziehende kulturelle Leben gewann der Literatur neue Leserschichten; der neue gesellschaftliche Charakter der Dichtung vermehrte die Zahl der Taschenbücher, Almanache und Zeitschriften ins Unübersehbare, nivellierte gleichzeitig allerdings auch ihre

Friedrich Schiller, 1759–1805
Ölgemälde J. F. Weckherlin zugeschrieben (um 1780)

Inhalte. Nahezu nahtlos führt diese Kultur von der bürgerlichen Aufklärung hinüber zum bürgerlichen Biedermeier.

Im Laufe der ersten Hälfte des 19. Jahrhunderts, in größeren Städten, vor allem auch in Reichsstädten vielfach schon gegen Ende des 18. Jahrhunderts, geht die Entwicklung dann über den familiären Bereich hinaus, entstehen Lese- und Museumsgesellschaften öffentlichen Charakters, und vor allem der immer beliebter werdende Chorgesang – auch er eine besonders gesellige Form der Kunstausübung – führt zu einer Sintflut von Vereinsgründungen. 1824 war als einer der ersten, der Stuttgarter Liederkranz ins Leben getreten. 1839 bei feierlicher Enthüllung des Schiller-Denkmals von Thorwaldsen nahmen bereits 49 verschiedene Gesangvereine mit ihren Fahnen und markigen Kehlen am Feste teil. Die Pflege der Schiller-Tradition wurde zu einer besonderen Aufgabe des Stuttgarter Liederkranzes. Bis heute finden Jahr für Jahr Schiller-Feiern am Schiller-Denkmal in Stuttgart statt.

Selbstverständlich hat man aber nicht nur in Stuttgart vielstimmig gesungen. Ohne die schwäbischen Sängerfeste ist die schwäbische Biedermeier-

Atmosphäre – Otto Borst hat in seinem Buch über Karl Pfaff darauf hingewiesen – nicht zu denken, und sehr zu Recht hat er auch betont, daß es zur schwäbischen Wesensart gehöre, zumindest früher gehört habe, »das ernstgenommene Kultur- und Gedankengut als Gemeinschaftsgut zu erfassen.«

Hier in Esslingen wurde am 26. Mai 1828 das zweite schwäbische Liederfest gefeiert, ein Volksfest im wahrsten Sinne des Wortes mit 500 Sängern im Chor der St. Pauls-Kirche, mit einem biederen, aber immerhin klassisch geformten und von Gustav Schwab, dem Mitglied und Delegierten des Stuttgarter Liederkranzes, persönlich vorgetragenen Prolog, dessen zweite Strophe so lautet:

». . .
Wie heißt die Stadt, zu der wir wallen,
Mit ihren Thürmen, ihren Hallen?
Oh hätt' ich einen Pindarsmund!
Wie flösse mir am Tag der Lieder
Die Hymmne von der Lippe nieder,
Und thät' ihr Lob den Horchern kund!«

Dann folgte die festliche Rede von Karl Pfaff, dem deutschen Sängervater, ein hohes Lied auf die Kräfte des Männerchors. Daß Pfaff ein großer

Gustav Schwab, 1792–1850
Kopie nach dem Ölgemälde von K. J. T. Leybold (1825)

Historiker, vor allem ein genauer Kenner der württembergischen Vergangenheit war, sei wenigstens am Rande erwähnt. Zeitlebens ist er jedoch seinem Esslinger Konrektorenamt treu geblieben.

Sucht man des weiteren nach dem Besonderen, das die Autoren dieses Landes vor anderen kennzeichnen könnte, so fällt ihr starkes politisches Engagement ins Auge. Nicht daß sich Schriftsteller anderer deutschen Stämme – man mag an Theodor Storm, Fritz Reuter oder heute an Günter Grass und Heinrich Böll denken – nicht auch für politische Probleme interessiert hätten, aber in Würtemberg, dem Land mit seiner eigenen Magna Charta, dem Tübinger Vertrag von 1514, war und ist das »politisch' Lied« kein »garstig Lied«.

Der Dichter von »Kabale und Liebe«, Schubart, der Herausgeber der »Teutschen Chronik« und Verfasser des »Kapliedes«, Friedrich Hölderlin, zwar kein Jakobiner im Sinne der späteren Bedeutung dieses Wortes, aber ein dem politischen Geschehen seiner Zeit sehr zugewandter Mensch und Dichter – sie standen keineswegs als idealische Musensöhne fernab der aktuellen Realitäten ihrer Gegenwart, sondern erhoben Protest gegen das Unrecht, setzten sich mit Wort und Tat für Freiheit und Menschenwürde ein. Dasselbe gilt – nehmen wir Mörike aus – für nahezu alle wesentlichen Autoren der folgenden Generationen von Ludwig Uhland, dem hochangesehenen Mitglied der Paulskirche, von Hermann Kurz und Karl Mayer, von Friedrich Theodor Vischer, Paul Pfizer und Ludwig Pfau bis hin zu Hermann Hesse, Theodor Heuss oder Martin Walser. Aber diese liberal und demokratisch denkenden wie schreibenden Autoren waren, von wenigen allerdings sehr bedeutenden Ausnahmen abgesehen, im Grunde keine praktizierenden Politiker, sie waren zwar homines politici, aber als Schriftsteller politische Moralisten. Diesen Unterschied zu betonen, scheint mir wichtig. Der politische Moralist braucht nicht auf eine bestimmte Parteiideologie, auf kein festes politisches Programm eingeschworen zu sein. Ihm geht es um die Wahrung der Freiheitsrechte der Menschen und Völker ganz allgemein, um Humanität auch im politischen Raum. Sein Einsatz und sein Appell zielen auf das politische Bewußtsein eines unabhängigen, innerlich wie äußerlich freien, mündigen Menschen. »Vivos Voco« lautet der Titel der »deutschen Monatsschrift«, die Hermann Hesse seit 1919 mitherausgab: »Ich rufe die Lebenden«.

Friedrich Theodor Vischer, 1807–1887
Lithographie von B. Weiss (1845)

Aber aus eben demselben Grunde – dem frei geäußerten und frei vertretenen Wort und Gedanken – hatte der Hohenasperg, die alte Feste mit dem württembergischen Staatsgefängnis, jahrhundertelang seinen unheilvollen, aber nicht wegzuleugnenden Platz in jeder schwäbischen Literaturgeschichte. Wieviele Autoren, keineswegs nur Schubart, haben seine Mauern und Gitterstäbe kennengelernt! Der Asperg war, zumal in früheren Jahren, ein hartes Zuchthaus, mögen sich im Laufe der Zeit auch die Haftbedingungen gemildert haben. Im 19. Jahrhundert wurde der Demokrat und Dichter Karl Mayer d.J. mehrfach auf diese Festung geschickt. Einmal hat er dort, ein heute geradezu unvorstellbarer Gedanke, als Gefangener unter den Augen des Festungskommandanten die Kandidaten seiner Partei zu einer Landesversammlung zu sich gerufen. Ein anderes Mal wurde dem gefangenen Fraktionsführer eine Einladung des Königs zu einem parlamentarischen Hofessen auf den Asperg gesandt und ihm dreitägige Haftunterbrechung zugesagt. Er lehnte ab, da ihm nicht die ganze Haft erlassen wurde, und darauf blieb die gesamte Linke dem Hoffest fern und scharte sich an diesem Tag auf dem Asperg um ihren Karl Mayer.

Zu den Charakterzügen literarischer Geistigkeit in ihrer schwäbischen Ausprägung gehört die Nähe zur Philosophie, die Liebe zu spekulativem Denken. In den zu viel zitierten, natürlich ironisch gemeinten Versen von Eduard Paulus, die Peter Bamm einmal die arrogantesten Verse der deutschen Literatur genannt haben soll, heißt es:

»Wir sind das Volk der Dichter,
Ein jeder dichten kann,
Man seh' nur die Gesichter,
Von unser einem an,
Der Schelling und der Hegel,
Der Schiller und der Hauff,
Das ist bei uns die Regel,
Das fällt uns gar nicht auf.«

Ganz selbstverständlich stehen hier Philosophen und Poeten nebeneinander. Nicht nur bei Schiller durchdringen philosophische Reflexionen das dichterische Werk, nicht nur er hat lange Jahre seines Lebens dem Studium der Philosophie, vor allem dem Werke Kants gewidmet. Die Philosophie stand in Württemberg der Dichtung, die Dichtung der Philosophie nahe, und Gedanken-Lyrik hat man ja auch nicht allzu glücklich die großen philosophischen Gedichte genannt, in denen, sei es bei Schiller, bei Hölderlin oder anderen, philosophischen Ideen in das Gewand der Dichtung gekleidet sind.

Strauß, der als Theologe, Kritiker, Kulturphilosoph und Historiker heutigem Sprachgebrauch nach Sachbuchautor war, schrieb doch daneben auch Gedichte von großer Sensibilität; Friedrich Theodor Vischer nicht nur seine Ästhetik, sondern auch den noch heute keineswegs verstaubten Roman »Auch Einer«. Die Grenzen waren fließend; jedenfalls ist die starke Neigung zu abstrahierendem, zu spekulativem Denken ein Erbe dieses Landes der Brenz und der Johann Valentin Andreä, der Oetinger und Bengel. Eine mächtige Geistlichkeit hat Jahrhunderte hindurch das Bildungswesen beherrscht; weit mehr den Geisteswissenschaften, der Metaphysik und der Religion als den Realien wußte man sich verpflichtet, und diese auf der Sprache und dem Denken fußenden Wissenschaften hatten innerhalb des alten Württemberg auch die Priorität vor der Musik und den Bildenden Künsten. Sehr typisch dafür ist die Tatsache, daß selbst Dichter und Schriftsteller Württembergs im 19. Jahrhundert kein richtiges Verhältnis zum Theater gewannen.

Oft wurde für Jahre hindurch das Schauspiel nicht besucht. Nach Schiller hat die schwäbische Literatur auch keinen Dramatiker ähnlichen Ranges mehr hervorgebracht.

Es ist eine männliche, schwäbisch-protestantische Welt mit alttestamentarischen Zügen. Bibelgläubigkeit, Schulzucht, der feste Glaube an die Perfektibilität, an die Erziehbarkeit des Menschen, Moralität als selbstverständliche Verpflichtung, Verzicht als sittlicher Wert sind Stichworte dieser Welt. Eine sehr merkwürdige und echt schwäbische vom Pietismus stark mitgeprägte Verbindung von gerechter, zuweilen selbstgerechter Nüchternheit und Rationalität mit spekulativem Denken, mit chiliastischen Ideen.

Dies gilt nicht nur für die Epoche der Klassik und das frühe 19. Jahrhundert, sondern bis zu einem gewissen Grade für die gesamte schwäbische Dichtungs- und Bildungsgeschichte bis hin zu Christian Wagner, Theodor Häcker und Konrad Weiss. Sie stehen noch in dieser Tradition, und nicht von ungefähr sollte Hermann Hesses vierter, nicht vollendeter Lebenslauf zum »Glasperlenspiel« einem schwäbischen Pietisten aus der Zeit Bengels und Oetingers gelten.

Christian Wagner, 1835–1917
Fotografie der Zeit

Die geistige Grundhaltung, die das Werk der denkenden wie dichtenden Geister Württembergs bestimmt, aber auch ganz allgemein im schwäbischen Menschen Ausdruck findet, geradezu kennzeichnend für den Volksgeist als solchen ist, läßt sich als eine Haltung definieren, die eine Vereinigung der Gegensätze anstrebt, die hochfliegenden Idealismus mit nüchternem Rationalismus, die Geist und Natur, Gemüt und kritischen Verstand, Liberalität und Konservatismus, kleinbürgerliche Beschränkung und den Drang in die Ferne zu vereinen trachtet. Nicht das sich ausschließende Entweder/Oder wird vertreten, sondern das Sowohl/Als auch, bzw. das Weder/Noch. »In der Einheit den Gegensatz und in dem Gegensatz die Einheit zu wissen, dies ist das absolute Wissen«, so heißt es bei Hegel. Er hat solches Denken zum Weltprinzip erhoben. In seinem Buch »Gedankenwelt der grossen Schwaben« hat Heinz Otto Burger diese Haltung der »complexio oppositorum« als »psychologischen Grundstein des Schwabentums« ebenso scharfsinnig wie einleuchtend analysiert. – Der einfache Mann in Schwaben aber sagt, dasselbe meinend, kurz und treffend auch heute noch: »so isch's no au wieder«.

Bei allen Unterschieden der Herkunft, des Ranges und des Berufes, trotz mancher Gegensätzlichkeit in den persönlichen Meinungen, in Fragen nach Form und Inhalt, nach Tendenz und Ziel literarischer Arbeit, war diese geistig-künstlerische Welt, war dieser Schwäbische Parnaß während der Goethezeit und dem 19., ja noch bis zu Beginn des 20. Jahrhunderts eine in sich geschlossene Welt, homogen dem Volksstamme wie der ständischen Gliederung nach. Literaturproduzenten wie Literaturkonsumenten – um die Wortmonstren unserer Zeit schaudernd zu gebrauchen – entstammten derselben gesellschaftlichen Schicht, – einer bürgerlich kleinbürgerlichen Welt, aber einer Welt mit klaren Wertvorstellungen, mit einer von Zweifeln wenig angekränkelten Gläubigkeit und einer auf unangefochtener sittlicher Weltordnung ruhenden Moralität.

Gibt es diese Welt der »Ehrbarkeit«, die man nicht zu voreilig als eine sogenannte heile und daher für einen modernen Kopf nicht ganz ernstzunehmende Welt deklassieren und verspotten sollte, hierzulande heute noch? Gibt es sie überhaupt noch in unserer aufgeklärten und so mündig gewordenen Gegenwart?

Über die Besonderheiten der schwäbischen Welt wurden im Für und Wider unmittelbar nach dem Ersten Weltkrieg einmal sehr temperamentvoll die Klingen gekreuzt. Josef Nadler, der bekannte Literarhistoriker der deutschen Stämme, hatte im Oktober 1919 im »Schwäbischen Bund«, einer damals neuen, von Ehrler, Missenharter und Schmückle herausgegebenen Zeitschrift, einen Aufsatz mit dem Titel »Vom Reich des alemannischen Geistes« veröffentlicht und die politische wie kulturelle Leistung des alemannischen Volksstammes aufs höchste gepriesen. »Vieles, und zwar das Größte darunter, was deutsch heißt, war alemannisch« lesen wir hier (als Schwaben natürlich mit geheimem Stolz), ja es wird sogar einer gewissen Distanzierung dem Norden gegenüber das Wort geredet. Erich Schairer nun, ein wackerer Schwabe von Geburt, wandte sich energisch gegen diese Selbstüberschätzung, worauf Nadler, der aus Böhmen stammte, mit dem Aufsatz »Von Schwaben, die nicht gelobt werden wollen« konterte. Schairer hat sich bei seiner Entgegnung auf Hermann Hesse berufen, der in demselben Jahr 1919 in Bern sein Alemannenbuch herausgegeben und den Band mit einem »Alemannischen Bekenntnis« eingeleitet hatte.

Hesse warnt in diesem kurzen Essay vor jeder Überheblichkeit, vor heimatlichem Dünkel und allen Nationaleitelkeiten. Politische oder gar durch die Trennung der Rassen gezogene Grenzen bedeuten ihm willkürliche Trennungslinien; Alemannien, als seine geistige Heimat, dehnt sich über die staatlichen Grenzen hinaus, für ihn »war Heimat zu beiden Seiten des Oberrheins«, ob das Land nun Schweiz, Baden oder Württemberg hieß.

Aber so ist zuletzt doch zu fragen, gibt es auch heute noch echte schwäbische Dichtung? Natürlich gibt es sie, und dabei ist keineswegs nur an die in jüngster Zeit wieder sehr lebendige echte, unverfälschte Dialektdichtung eines Sebastian Blau, Friedrich E. Vogt, Michel Buck oder Thaddäus Troll, Habermann oder König zu denken. Doch württembergische Literatur, um genauer und zugleich erweiterter zu formulieren, ist nicht dasselbe wie Literatur in Württemberg.

In den schwäbischen Parnaß der Gegenwart, so möchte ich meinen, gehören sehr viel mehr Autoren als nur solche, die ihre schwäbische Herkunft auf dem Geburtsschein nachweisen können. Die politischen Katastrophen der letzten Jahrzehnte, die ganze Völkerwanderungen ausgelöst und die deut-

Christian Friedrich Daniel Schubart, 1739–1791
Zeitgenössische Zeichnung

schen Stämme durcheinandergewürfelt haben wie nie zuvor in ihrer Geschichte, haben so manchem der heute in diesem Land lebenden Autoren den neuen Wohnsitz sehr gewaltsam zugewiesen. Sie wurden hierher verschlagen; aber das Land hat sie festgehalten, gleichsam in seinen Bann gezogen, und viele andere sind inzwischen freiwillig zugezogen, haben sich aus freien Stücken hier niedergelassen. Nicht mehr die gemeinsame Stammeszugehörigkeit, sondern die gemeinsam bewohnte Landschaft wurde zum verbindenden Element. So bevölkern die literarische Bühne der Gegenwart hier in Württemberg sehr verschiedenartige Köpfe höchst unterschiedlicher Herkunft.

Zu den Schriftstellern, die Württemberger der Geburt nach sind, gehören Albrecht Goes, Gerd Gaiser und Hermann Lenz, Otto Rombach, Martin Walser und Otto Heuschele, Paul Wanner und Karl Götz, Josef Eberle, Gerhard Storz und Walter Erich Schäfer . . . . , um nur einige der bekanntesten zu nennen. Sie wissen sich ihrer Heimat verbunden und sind auch mit ihrem Werk in ihr verwurzelt, aber Heimatdichtung im eigentlichen Sinne hat kaum einer von ihnen geschrieben. Thematik und Gestalten ihrer Bücher sind selten einmal nur auf

Württemberg an sich gerichtet und festgelegt. Das Landsmannschaftliche im früheren Sinne hat seine absolute Wertung verloren, die prägende Kraft des Provinziellen – wertfrei verstanden – ist im Zeitalter nivellierender Massenmedien sehr viel schwächer geworden.

Neben diesen sogenannten Autochthonen unter den Literaten Schwabens stehen aber nun zahlreiche Schriftsteller anderer Stammesherkunft, die sich jedoch längst hier eingelebt haben, und es ist schwer zu ermessen, inwieweit die schwäbische Landschaft mit ihrer Geschichte und ihrem geistigen Klima Niederschlag in ihren Werken gefunden hat; ob im Unterbewußtsein Eindrücke und Erlebnisse der neuen Umwelt Gestalt gewonnen haben?

Einige wenige Namen mögen in die Erinnerung gerufen werden. Seit Jahrzehnten wohnen und wohnten auf der Alb, in Oberschwaben und am Bodensee Ernst Jünger und sein Bruder Friedrich Georg Jünger, die aus Hannover stammen. Hermann Kasack kam aus Potsdam, aus Berlin Karl Schwedhelm, Helmut Heissenbüttel wurde bei Wilhelmshaven geboren, Walter Jens ist Hamburger ebenso wie der eine Generation ältere, vor wenigen Jahren in Ludwigsburg verstorbene Ludwig

Hermann Hesse, 1877–1962
Fotografie (1920)

Tügel, der Dichter der »Pferdemusik«. Johannes Poethen ist Rheinländer, Josef Mühlberger stammt aus Böhmen, und Peter Härtling ist gebürtiger Chemnitzer. Wie sehr ihm das Land am Neckar zur zweiten Heimat geworden ist, mag sein vor einigen Jahren erschienenes Hölderlin-Buch beweisen, in dem der schwäbische Dialekt geschickt in die Hochsprache eingebunden ist.

Dieser Zuwachs – und wie viele weitere Namen müßten, ginge es um Vollständigkeit, genannt, die Aufstellung auch nicht auf Württemberg begrenzt werden, sondern den gesamten Südwesten Deutschlands als natürliche Einheit umfassen – bedeutet Bereicherung, Differenzierung und Vertiefung des literarischen Forums in diesem Land, und er kann durchaus auch als ein Beweis seiner Anziehungskraft verstanden werden. Allerdings im Gegensatz zu der schwäbischen Szenerie vor 150 Jahren – scheint sich in diesem Jahrhundert, trotz Schriftstellerverbänden, Akademien, Verlagsempfängen und Dichterlesungen, trotz hochgezüchteter Kommunikationseinrichtungen eine literarische Geselligkeit in echtem lebendigem Sinn nicht mehr oder nur in geringem Maße entwickelt zu haben und lebendig zu sein.

Daß aber die Dichtung ihre sehr elementare und reale Wirkung auf das Leben der Gegenwart nicht verloren hat, ja, daß heute noch neben Erzählung und Schauspiel gerade auch das Gedicht auf nicht wenige Menschen bestimmenden Einfluß auszuüben vermag, wird nicht nur durch den großen Zulauf bei Dichterlesungen bezeugt, sondern hat in anderer Weise auch ein vor kurzem hier erschienener, von Otto Heuschele herausgegebener Sammelband mit dem Titel »Schwaben unter sich über sich« erwiesen.

Schwaben sehr verschiedener Art, Stellung und Herkunft: Künstler und Oberbürgermeister, Ministerpräsidenten und Ministerinnen, Weinbauern, Politiker und Theaterleute, Verleger und Redakteure, von einigen Dichtern ganz abgesehen, waren aufgefordert worden, sich zu der Frage zu äußern, »Was verdanke ich meiner schwäbischen Heimat, wie weit hat sie mich geprägt?«

Durchblättert man den reizvollen Band, so finden sich zahlreiche Zeugnisse, kritische Anmerkungen wie persönliche Bekenntnisse, für die Wirklichkeit und Wirksamkeit der Literatur dieses Landes. »Ich frage mich«, schreibt etwa Kurt Georg Kiesinger in seinem Beitrag, »wie ich diese heimatliche Land-

Konrad Weiss, 1880–1940

schaft . . . erlebt hätte, hätte ich sie nicht mit den Augen der Dichter erblickt.« Man sieht in dem Buche bestätigt, daß die neckarschwäbische Kulturlandschaft durch die Dichtung und die Philosophie ihre sie im besonderen charakterisierenden Akzente gesetzt erhielt. In sehr viel stärkerem Maße als die bildenden Künstler oder gar die Komponisten haben Philosophen und Dichter das geistige Erbe Schwabens geprägt.

Darin mag die Berechtigung liegen, auch heute noch von einem »Schwäbischen Parnaß« zu reden.